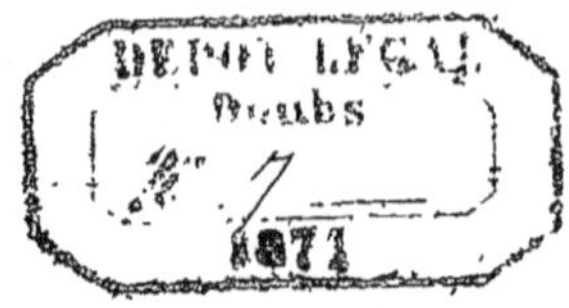

LES COMMISSIONS MIXTES,

M CRÉMIEUX ET LA DÉLÉGATION DE BORDEAUX.

Besançon, le 25 février 1871.

Mes chers Compatriotes,

Le drapeau rouge flottait à Lyon et l'anarchie pesait sur les principales villes du Midi..... La délégation de Bordeaux, ne se préoccupant pas de si peu, révoquait des magistrats ; j'ai l'honneur de me trouver de ce nombre.

Cette révocation ne pouvait avoir que la durée d'un orage ; désavouée aussitôt par le gouvernement de Paris, demain elle n'existera plus. N'importe, il suffit qu'elle ait existé, pour que je me doive de vous en faire connaître la valeur et les circonstances.

La démagogie, cette plaie qui fera plus de mal et coûtera plus cher à la France que la Prusse, la démagogie gouvernait à Tours et à Bordeaux.

Dès le 4 septembre, ses nombreux états-majors s'étaient précipités sur tous les budgets avec une ardeur qu'ils n'ont pas eue devant l'ennemi. Ces messieurs criaient bien *la guerre à outrance, la levée en masse,* mais ils ne se battaient pas, ils ne voulaient pas se battre : la guerre ne leur convient que pour les profits qu'ils savent en retirer.

Vraiment, ils nous traitaient en peuple conquis. Rendre compte des emprunts départementaux était incommode. Ils supprimaient les conseils généraux.

L'Assemblée constituante était moins encore de leur goût ; aussi, jeter vos députés dans la Garonne est aujourd'hui la plus vive préoccupation de leur patriotisme.

Quant au suffrage universel, ils n'en voulaient plus du tout. Ils le mutilaient par le vote au canton et se préparaient à le supprimer en enseignant déjà, dans leurs journaux, qu'*à la campagne* nous n'étions pas assez éclairés pour apprécier leur valeur.

Il fallait détruire aussi la magistrature, qui de tout temps avait opposé le frein des lois à leurs écarts divers. Le mot d'ordre donné à leurs clubs, à leur presse, fut donc : *Guerre à la magistrature !*

Pour détruire, M. Crémieux était l'homme de l'occasion ; il avait fait ses preuves en 1848. Renverser les parquets fut pour lui l'affaire d'un instant, et les juges de paix, mis en coupe réglée, disparurent par centaines.

La magistrature assise survivait, garantie par son inamovibilité ; mais cette inamovibilité était un obstacle à la vengeance, une barrière contre l'ambition ; il fallait la supprimer.

La supprimer directement, résolûment, la délégation de Bordeaux, malgré ses audaces, ne l'osa pas ; elle s'essaya seulement à l'entamer par une brèche faite dans la digue, en frappant, sous le prétexte des commissions mixtes, quelques-uns de ceux que cette inamovibilité recouvrait.

Le prétexte de ma révocation est donc d'avoir fait partie de la commission mixte du département de la Haute-Saône.

Qu'étaient-elles donc, ces commissions mixtes sur lesquelles on a écrit tant d'absurdités et de calomnies ? Elles n'étaient ni des cours prévôtales, ni des tribunaux d'exception, mais de simples comités d'instruction et d'examen institués *dans un but de justice et d'humanité* pour arrêter les procédures commencées et les régler par des propositions et non par des jugements. (Circulaire du 3 février 1852.)

Elles n'avaient pas été créées par le gouvernement irrégulier du 2 décembre, mais par le gouvernement régulier du 31 décembre acclamé par 7,339,000 suffrages.

Leur travail était administratif et non judiciaire. Il ne fournissait que des appréciations motivées conformément au cadre des pénalités indiquées, et ce travail, soumis au gouvernement, devait être *par lui approuvé ou modifié.*

Ces commissions pouvaient mettre les détenus en liberté, elles n'avaient pas le droit de les juger, autrement leurs décisions eussent été exécutoires, et elles ne l'étaient pas.

Elles ne l'étaient pas, puisque les propositions des commissions mixtes devaient être approuvées par le gouvernement, seul juge des classifications (circulaire du 3 février 1852), puisqu'il a fallu un décret du président de la république pour les sanctionner. (Décret du 5 mars 1852.)

Les membres du parquet, en faisant partie de ces commissions, restèrent dans leurs attributions propres, à la fois judiciaires et administratives. Ils restèrent ce qu'ils devaient être au parquet ou sur leur siége, les conseils vigilants et les avocats du gouvernement, avec cette différence même qu'ils eurent alors à exercer leurs fonctions non devant un tribunal qui statue et condamne, mais seulement devant *une commission consultative qui indique et propose.*

M. Crémieux, ministre, exigeait de ses parquets, non-seulement des renseignements sur le degré de criminalité des prévenus ou des condamnés, mais encore sur les magistrats et les officiers ministériels, sur leurs opinions et leurs antécédents politiques.

Et parce que les parquets de 1852, interrogés sur des faits constatés par des procédures régulières, sur les auteurs de ces faits et leur plus ou moins de culpabilité, parce que ces parquets auraient répondu dans le sein des commissions mixtes, M. Crémieux les déclare *immoraux, odieux.*

La morale de M. Crémieux a des fantaisies que je ne discuterai pas.

Voilà, mes chers compatriotes, ce qu'étaient les commissions mixtes.

Un mot à présent sur les circonstances qui en ont imposé la formation.

En 1848, une révolution, une surprise, venait d'enlever à la France un gouvernement qu'elle regrette encore. Les républicains avaient la république. Dès le lendemain ils conspiraient contre elle, et les émeutes des 15 mai et 24 juin ensanglantèrent Paris.

En 1851, si le désordre avait cessé dans la rue, il existait toujours dans les esprits, la France était fatiguée, inquiète.

C'est alors qu'eut lieu le coup d'Etat du 2 décembre, mais dès le lendemain 3, le prince président en demandait la ratification au suffrage universel. On était sorti de la légalité, chacun avait son *vote* pour y rentrer; mais ces hommes, toujours prêts à la révolte, au lieu d'un bulletin, prirent des *sacs pour piller* et des *fusils*, et un peu partout la guerre civile se produisit par des manifestations contre l'ordre et contre les propriétés.

Dans chaque département des instructions judiciaires avaient été faites, et c'est, vous l'avez vu, pour régler ces instructions que les commissions mixtes furent instituées.

Les principaux coupables, depuis longtemps graciés par l'empereur, appartenaient à ce parti dont les aptitudes et la politique se résument par deux mots : *renverser* et *prendre*. C'est ce parti qui cherchait à s'imposer à Bordeaux et à la France.

C'est ce parti qui a fait la révolution de 1848, les émeutes des 15 mai et 24 juin; c'est lui qui a fait la révolution du 4 septembre dernier et l'insurrection du 31 octobre, si funestes à la France (1), et c'est encore à lui que nous devrons toutes celles que l'avenir peut nous réserver.

Eh bien, mes chers compatriotes, pour attaquer ce parti, qui est aussi celui de la haine et de la vengeance, ce parti, qui restera la perpétuelle menace de notre *sécurité* et de nos *intérêts*, il a fallu, croyez-le

---

(1) Funestes surtout parce qu'elles ont arrêté des négociations pour une paix alors plus facile. C'est donc encore à ce parti que la France devra l'excès de rigueur des conditions de paix actuelles, l'envahissement, la ruine de vingt départements, les deux ou trois milliards engloutis par la délégation de Bordeaux, et la vie de nos soldats.

bien, de la fermeté et de la résolution. Et les commissions mixtes ont accompli, je le dis hautement, non-seulement un devoir, mais encore un acte de patriotisme et de courage, et c'est par la sanction donnée à leur travail que le gouvernement a pu vous procurer de longues années de calme, de bien-être et de prospérité.

Le prince-président n'avait pas été le premier à entrer dans cette voie des mesures exceptionnelles que parfois la sécurité publique exige; l'Assemblée constituante l'y avait précédé, aux applaudissements du pays effrayé. Ainsi, le 26 juin 1848, M. Senard proposait à l'Assemblée nationale d'autoriser le gouvernement républicain à déporter sans jugement toutes les personnes qui seraient reconnues avoir participé à l'insurrection. M. Vivien, ministre de la justice, promettait la formation de commissions qui statueraient dans les formes administratives. Et M. Caussidière, approuvant la proposition, demandait, *à titre de garantie*, l'introduction des procureurs généraux dans ces commissions.

M. Crémieux, alors représentant, a-t-il eu un mot, un vote de protestation? Non. Il approuvait donc, et s'il approuvait en 1848 l'exportation sans jugement de 12,000 insurgés, comment expliquera-t-il ses colères d'aujourd'hui contre les commissions mixtes, qui n'ont pas eu à condamner, mais seulement à faire des propositions pour une répression moins sévère; ses colères contre les procureurs généraux et leurs substituts qui ont fait partie de ces commissions, quand le citoyen Caussidière, un républicain non contesté, celui-là, demandait, *à titre de garantie*, l'admission des procureurs généraux dans les commissions de 1848 ?

Voilà bien un signe de notre temps !

C'est le 29 janvier que le gouvernement de Paris retira à la délégation de Bordeaux une dictature dont elle avait épuisé tous les abus. Le lendemain 30, paraissait au *Moniteur* le décret du 20 excluant de la magistrature le premier président de la cour de cassation, trois premiers présidents et neuf autres magistrats. 69 magistrats des commissions mixtes survivent, 13 seulement sont révoqués. Si j'en fais partie, ce n'est pas pour excès de sévérité, puisque, grâce au bon esprit de notre département, la commission mixte de la Haute-Saône était une de celles qui avaient pu sans faiblesse montrer le plus de modération.

Si j'ai dû cette préférence à l'antipathie profonde et non dissimulée que les révolutionnaires et les révolutions m'inspirent, je reconnais l'avoir méritée.

Le jour même où le *Moniteur* du 30 janvier arrivait à Besançon, alors investi, j'adressais à M. Crémieux la lettre suivante :

« Besançon, le 16 février 1871.

» Monsieur le ministre,

» Nous recevons aujourd'hui seulement à Besançon votre décret du 20
» janvier. En démontrer l'illégalité serait une tâche par trop facile ; à
» quoi bon d'ailleurs discuter avec un pouvoir qui entend placer ses ran-
» cunes et ses violences au-dessus des lois.

» Ce décret contient autant d'inexactitudes que d'allégations. Il est
» inique, injurieux. Contre ce décret je proteste et me réserve d'en pour-
» suivre les auteurs. »

Cette vive protestation restera modérée en présence de ce décret per-fide et violent où le style *à tapage* de la salle Favié ou des Folies-Ber-gères (1) se révèle. Tout y est faux, tout, jusqu'à la date.

Sa date, suivant le *Moniteur,* est du 20 janvier. — Il n'est pas du 20 janvier.

Des documents de la chancellerie ayant établi que ce décret n'existait même pas le 27 janvier, M. Crémieux, sans embarras pour si peu, lui en donna une autre, celle du 28 janvier. Et si cette seconde date n'était pas plus vraie que la première, il faudrait bien en chercher une troisième.

Ce décret ne serait-il pas du 30 janvier, date de son insertion au *Mo-niteur ?* — Ne serait-il pas du 29, de ce jour où tout pouvoir était retiré à la délégation de Bordeaux, de ce jour de révolte où, pour résister au gouvernement de Paris, il fallait qu'elle prît son point d'appui sur la dé-

(1) Deux clubs très connus à Paris.

magogie, sur les condamnés de 1852, et leur livrât la magistrature et son inamovibilité ?

Dans ce cas, le décret du 20 janvier, se trouvant postérieur à la révocation de la délégation de Bordeaux, qui est du 29, ne serait plus un décret, ce serait une usurpation de pouvoir.

Mais une usurpation de pouvoir de plus ou de moins et une fausse date, qu'est-ce donc, je vous prie?

Ceci est mieux encore. — Il y a dix mois, ce même M. Crémieux, député, se faisait un honneur devant le Corps législatif de n'avoir, en 1848, porté aucune atteinte à l'inamovibilité de la magistrature.

En rattachant ainsi, en 1870, son honneur à son respect pour l'inamovibilité, M. Crémieux n'a-t-il pas prouvé lui-même qu'en sacrifiant, en 1871, l'inamovibilité à la démagogie, il lui avait en même temps sacrifié son honneur ?

Esaü, du moins, pour son droit d'aînesse, recevait un plat de lentilles, et un autre 30 pièces d'argent pour sa trahison. Et pour son honneur livré, pour la magistrature trahie, M. Crémieux n'a rien reçu. Rien ! Rien ! La démagogie l'a rayé de ses listes, et il n'est pas représentant.

Ingrate démagogie, pauvre M. Crémieux !

M. Crémieux étant israélite me pardonnera ces citations bibliques; il le doit d'autant plus qu'elles me remettent en mémoire un souvenir de palais qui ne lui serait pas étranger.

Vous souvient-il de ce juif baptisé, Deutz, qui avait vendu et livré Mᵐᵉ la duchesse de Berry, sa bienfaitrice et sa marraine?

Ce juif, devenu riche, voulait se réhabiliter dans l'opinion. Il s'adressa à Mᵉ Crémieux.

Mᵉ Crémieux se mit à la tâche, prit Deutz sous son patronage et, dans une lettre que j'ai sous les yeux, il présenta des considérations métaphysiques sur l'*intention* qui fait l'*innocence* ou le *crime*, et sur le *sentiment politique qui permet de voir les choses chacun à sa manière*.

Et, faisant remarquer ensuite que Deutz avait pu, par son acte de trahison, épargner à la France la guerre civile, M. Crémieux en concluait que Deutz, après tout, pouvait être un galant homme et un bon patriote.

Dans une précédente lettre que la *Quotidienne* avait servie à ses lecteurs, M. Crémieux écrivait tout le contraire ; mais on peut se tromper, et il est grand de le reconnaître (1).

Quoi qu'il en soit, la chose faisait du bruit dans la salle des Pas-Perdus, et très fort on se récriait sur l'exagération inusitée des honoraires demandés par Mᵉ Crémieux. On se trompait, car pour le double, qui eût consenti à signer sa lettre ?

Je ne me chargerai pas d'expliquer comment en 1835 M. Crémieux a pu justifier la trahison par la possibilité d'une guerre civile évitée, quand en 1871, ni les convenances, ni la justice, ni la loi, ne l'arrêtèrent dans ses attaques contre les magistrats des commissions mixtes, dont le devoir et la mission honorablement remplie avait été d'arrêter la guerre civile et d'en prévenir le retour.

Ceci est, comme le dit Mᵉ Crémieux, *du sentiment politique qui permet de voir les choses chacun à sa manière.* Mon sentiment à moi, mes chers compatriotes, serait que Montaigne avait peut-être raison lorsqu'il écrivait : « C'est un sujet merveilleusement vain, divers et ondoyant, que l'homme. » Toujours est-il que par cette *morale indépendante*, M. Crémieux préparait sans doute déjà cette leçon de *haute morale* qu'il ménageait à la magistrature dans sa lettre du 12 février dernier.

M. Crémieux, au lieu d'expier humblement le décret du 20 janvier par la lecture des journaux français et étrangers qui l'accablent, ainsi que les protestations de nos cours, M. Crémieux, par sa lettre du 12 février, a préféré se remettre en scène pour qualifier d'*odieux* le *désaveu* dont son décret est frappé et pour jeter une nouvelle insulte à la magistrature et à la conscience publique.

A la conscience publique, en affirmant que la délégation de Bordeaux avait su relever l'honneur des armées françaises : hélas !

---

(1) Ce n'est pas la première fois que M. Crémieux aurait eu le *courage* de désavouer ses erreurs.

Le 24 février 1848, à la chambre des députés, n'avait-il pas commencé, en faveur de la *régence*, un discours qu'il aurait terminé pour la *république*, sous l'impression sans doute des raisonnements pleins de logique de la foule envahissante ?

A la magistrature, en osant écrire qu'il lui a donné par son décret du 20 janvier une haute leçon de morale.

Une enquête, en révélant les secrets de ces chaussures en feutre et en carton, de ces cartouches impossibles, de ces commissaires désorganisateurs qui commandaient nos généraux, établira l'incomparable incurie de nos dictateurs de Bordeaux, et fera connaître comment, avec des milliards prodigués, ils n'ont su assurer ni du pain à nos soldats ni de la paille à nos malades ; elle pourra expliquer aussi les désastres de ces héros malheureux, d'Aurelles, Chanzy, Faidherbe, Bourbaki et Clinchant. Cette enquête attendue répondra à la première affirmation ; et je repousserai la seconde avec l'indignation qu'elle inspire.

Magistrat depuis trente-cinq ans, je connais la magistrature et je sens que, forte de la considération, de la confiance et du respect de tout ce qu'il y a d'honnête en France, elle se maintiendra au-dessus des calomnies et de la vengeance des partis. Et si une leçon de *haute morale* était à infliger, je sais encore que M. Crémieux, l'avocat de Koreff et Woloski (1), aurait à la recevoir et non à la donner.

Si je vous ai démontré que le décret du 20 janvier n'est pas un acte de justice, n'est pas le blâme honnête et consciencieux d'un pouvoir régulier, mais l'œuvre d'un parti, mais l'expression de la haine d'un parti ;

Si je vous ai démontré que ce décret est la rancune du condamné contre celui qui a condamné, et la vengeance accordée à ceux qui attaquaient la société contre ceux qui avaient le devoir de la défendre,

Mon but est atteint.

Le souvenir des douze années que j'ai passées au milieu de vous comme chef des parquets de Lure et de Vesoul, reste trop profondément gravé dans ma reconnaissance pour que je puisse laisser une ombre planer sur une seule action de ma vie. Je devais donc vous prouver que j'ai le droit de lire avec dédain le décret du 20 janvier.

(1) Koreff et Woloski contre d'Hamilton.

Dans cette affaire, n'y aurait-il pas eu, pour Me Crémieux, une apostrophe sanglante de Me Berryer et une poursuite disciplinaire ?

J'ai voulu surtout, mes chers commettants, mes voisins, mes amis, vous prouver que je n'ai pas trompé votre confiance, que je suis resté digne de vous et de ces sentiments d'estime, d'affection et de dévouement réciproques qui, depuis près d'un demi-siècle, nous ont indissolublement unis.

Veuillez bien, mes chers compatriotes, agréer l'assurance de ma considération la plus cordiale et la plus distinguée.

E. WILLEMOT,

Conseiller à la Cour de Besançon,
Membre du Conseil général de la Haute-Saône.

C'est bien sciemment que M. Crémieux a violé la vérité et la loi dans son décret du 20 février. Les deux lettres suivantes l'établissent.

Lettre adressée à M. Crémieux, ministre de la justice, le 16 janvier 1871.

« Monsieur le ministre,

» J'ai l'honneur de vous adresser les explications que M. le procureur
» général m'a fait demander conformément à votre dépêche du 12 de ce
» mois.

» Au mois de juillet 1848, le pouvoir exécutif et la Constituante avaient
» fait transporter sans jugement de 11 à 12,000 insurgés dans un intérêt
» de sûreté générale. Dans le même intérêt, le gouvernement de 1851,
» alors reconnu par la nation (1), crut à la nécessité d'une semblable me-
» sure. Cette mesure, il avait le droit de la prendre, étant illimités les
» pouvoirs que le plébiscite du 31 décembre 1851 lui avait conférés pour
» assurer la sécurité publique ; il la prit, mais avec plus de réserve et de
» modération que le gouvernement de 1848, et c'est dans ce but, but de

(1) Par 7,339,000 contre 640,000 suffrages. Plébiscite du 31 décembre 1851.

» *justice* et d'*humanité* (circulaire du garde des sceaux du 3 février 1852),
» qu'il institua les commissions mixtes où l'élément militaire représenté
» se trouvait tempéré par l'élément administratif et judiciaire.

» Ces commissions devaient arrêter le cours de toutes les procédures
» commencées et les régler, non par un jugement mais par un travail
» d'examen et d'appréciation motivé ; par un projet de répression devant
» être *soumis* au gouvernement et par lui *modifié* ou *sanctionné*.

» Comme procureur de la république à Vesoul, et sur l'ordre de **M.** le
» garde des sceaux, j'ai dû faire partie de la commission mixte du dépar-
» tement de la Haute-Saône.

» Cette commission eut à connaître d'une procédure régulièrement
» suivie par le juge d'instruction de Vesoul contre un certain nombre de
» conjurés qui devaient, à un jour donné, s'emparer à Vesoul de la pré-
» fecture, de la recette générale, etc....

» Plusieurs, venus au lieu du rendez-vous, avaient pris la fuite en
» croyant leur complot découvert. Quelques-uns portaient des sacs
» destinés à contenir le produit du pillage ; ainsi le déclara, dans son in-
» terrogatoire, l'un des inculpés.

» Parmi eux figuraient les principaux agitateurs du département,
» ceux qui au 15 mai, au 24 juin 1848, et toujours, avaient été une me-
» nace pour la république et une cause de frayeur pour les citoyens ti-
» mides. L'une des doctrines enseignées dans leur club était que le peu-
» ple devait avec du plomb faire de l'or.

» Cette politique au *sac* et à la *balle* n'étant pas de mon goût, j'ai été
» de l'avis de frapper les plus coupables, et les peines, relativement mo-
» dérées, qui ont été prononcées, sont : la surveillance pour le plus grand
» nombre, six mois d'internement à l'intérieur pour quelques-uns, et
» l'éloignement momentané du territoire pour trois seulement, les véri-
» tables chefs de chaque arrondissement.

» Quelques mois après, les 21 et 22 novembre 1852, 7,824,189 suf-
» frages contre 253,145, en proclamant empereur le prince-président, au-
» raient au besoin ratifié les mesures de répression qu'il avait prises et
» les commissions mixtes par conséquent.

» Le suffrage universel consacrait aussi la modération de la commis-
» sion de la Haute-Saône en me renommant, peu après, membre du
» conseil général de ce département et en me continuant ce mandat jus-
» qu'à ce jour. J'ajouterai même que, malgré les dispositions hostiles
» de deux préfets de l'empire, toutes mes élections depuis 32 ans ont été
» faites à l'unanimité ou à la presque unanimité.

» Des faits et des dates qui précèdent, les conséquences ressortent fa-
» cilement. Je m'abstiens de les présenter.

» J'éviterai aussi trois fins de non-recevoir qui, seules, auraient pu
» suffire pour arrêter le gouvernement de la *défense nationale,* s'il pouvait
» avoir la pensée d'attaquer, par quelque mesure que ce fût, l'*inamovibilité,*
» cette nécessaire garantie du juge et des justiciables.

» J'en ai dit assez, Monsieur le garde des sceaux, si mes explications
» doivent être appréciées par vous, dont j'ai connu l'esprit et le cœur;
» trop, si elles doivent se heurter contre les violentes impulsions d'un
» parti, parce que je ne dois pas oublier alors que

La raison du plus fort est toujours la meilleure.

« Je suis, etc......

» *P.-S.* — Je remarque à la fin de ma lettre une pensée qui pourrait
» être prise pour une flatterie indigne de vous et de moi, si je ne l'expli-
» quais pas.

» En 1848, Monsieur le garde des sceaux, vous m'avez fait offrir par
» un de mes parents, votre ami, une place de procureur général. Je vous
» ai fait connaître que mon dévouement à l'ancien gouvernement m'em-
» pêchait de l'accepter.

» Alors, au lieu de me révoquer pour ma sincérité, vous avez bien
» voulu persister dans votre offre, comme moi j'ai cru devoir persister
» dans ma détermination.

» A mon premier voyage à Paris, en 1850, j'ai eu l'honneur d'aller,
» avec M. le marquis de Grammont, l'un de nos députés, vous faire mes
» remerciements. — C'est ce souvenir qui m'a permis de vous dire que
» j'avais connu votre esprit et votre cœur.

» Sous le patronage de ce même souvenir, permettez-moi, Monsieur le
» garde des sceaux, de vous crier : *Prenez garde!*

» Le gouvernement que chacun, pour la défense nationale, appuie de
» son sang, de son âme et de sa fortune, doit être le gouvernement de
» tous, non le gouvernement de quelques-uns; autrement il arriverait à
» n'être le gouvernement de personne.

» Dernièrement, en livrant, par la suppression des conseils généraux,
» aux préfets et à leurs amis la fortune de tous et la surveillance de son
» emploi, le gouvernement de la défense nationale, croyez-le bien, a
» pris une mesure impopulaire et dangereuse. Elle peut être, cette me-
» sure, approuvée par une certaine minorité; mais si on peut, avec cette
» minorité, essayer de détruire, avec elle on ne parviendra jamais à
» fonder. »

Si je devais alors un bon souvenir à M. Crémieux, il faut convenir que
je m'en acquittais en bon conseil, et que depuis il m'en a relevé com-
plétement.

Lettre adressée à M. le procureur général le 16 janvier 1871 (1).

« Monsieur le procureur général,
» Ma première pensée avait été de ne pas répondre. Hier, j'ai changé
» d'appréciation et vous adresse, pour M. le garde des sceaux, les expli-
» cations qu'il me demande par votre intermédiaire.

» Les conséquences à en tirer seraient celles-ci : 1° Les commissions
» mixtes ont été instituées, non par le gouvernement irrégulier du 2 dé-
» cembre, mais par le gouvernement régulier du 31 décembre.

» 2° Dans le plébiscite du 31 décembre 1851, le gouvernement du
» prince-président puisait un droit absolu, incontestable, pour le main-
» tien de la sécurité publique. Ce droit, il aurait pu le déléguer aux com-
» missions mixtes.

(1) Cette lettre a été reconstituée sur de simples notes; elle est parfaitement exacte
quant au fond.

» 3° Ces commissions, alors, auraient pu à leur tour légalement ré-
» primer et statuer ; mais telle n'a pas été leur mission. Au lieu d'avoir
» à condamner par voie de jugement et d'exécution, elles n'ont eu à agir
» et n'ont agi que par voie d'indication, de renseignement et de propo-
» sition. Leur responsabilité échappe donc à tout contrôle légal, d'autant
» plus qu'elle serait couverte encore par le plébiscite du mois de novem-
» bre 1852.

» 4° La commission mixte du département de la Haute-Saône spécia-
» lement est en dehors de toute censure, puisque, fidèle aux instructions
» d'humanité et de justice qui étaient données, l'éloignement momen-
» tané du territoire est la plus forte des peines que son travail ait in-
» diquées.

» Les fins de non-recevoir se résumeraient ainsi :

» 1° Le procureur de la république remplissant des fonctions à la fois
» administratives et judiciaires est resté dans les limites strictes de ses
» attributions, de ses devoirs. Les renseignements, les propositions,
» que le garde des sceaux demandait, il devait les fournir.

» 2° Le procureur de la république de Vesoul, devenu conseiller, serait
» d'ailleurs couvert par son inamovibilité.

» 3° Cette inamovibilité est hors de toute atteinte régulière, légale,
» de la part surtout du gouvernement de la défense nationale qui, n'ayant
» que des pouvoirs transitoires et restreints, des pouvoirs *administratifs*
» et non *législatifs*, ne peut s'attaquer à l'inamovibilité que la loi protége
» et que sept révolutions successives ont respectée.

» Ces raisonnements disparaissent-ils devant une volonté qui se pla-
» cerait au-dessus de la justice et de la loi ? Alors ne reprochez plus
» à nos ennemis cette maxime impie : *La force prime le droit.*

» Vous pouvez joindre cette lettre à celle que je vous adresse pour
» M. le garde des sceaux. »

La commission mixte de la Haute-Saône était composée de M. Dieu,
notre préfet toujours regretté, de cet excellent et brave général Roche et
de moi. Vous savez s'il a pu venir alors à la pensée de qui que ce fût d'é-

lever un doute sur l'indépendance, l'esprit de justice et la modération d'une commission ainsi formée.

« C'est se venger contre soi-même et donner un trop grand avantage à des ennemis que de leur imputer des choses qui ne sont pas vraies et de mentir pour les décrier. »

Cette pensée d'un moraliste sera mon dernier mot.

D'un moraliste...... de M. Crémieux? — Non, de Jean de la Bruyère.

L'amitié qui m'unit à ceux auxquels cette lettre est le plus spécialement destinée, fera excuser la forme parfois familière que j'ai cru pouvoir employer.

BESANÇON, IMPRIMERIE DE J. JACQUIN.